◎ 小学综合实践活动系列教材（总主编　李　雪　林海亮　刘　燕）
◎ 中小学名师讲堂·素质拓展之校本教材系列丛书
◎ 四川省应用型示范专业建设“小学教育”项目成果
◎ 四川省卓越教师计划“文、理、艺、科、教综合应用型小学教师培养计划”项目成果
◎ 内江师范学院校级教改课题“战略合作伙伴学校联盟实践研究”（JG201726-380）成果
◎ 内江师范学院“小学教育”一流专业研究成果（YLZY201904）

lián jié zhǒng zi zhòng tóng xīn

廉洁种子种童心

dī duàn

（低　段）

主　编　李　雪　陈　兰
副主编　李方可　陈理宣
　　　　林　勇　董香平
编　委　陈小萍　刘秀平
　　　　黄慧娟　徐建华
　　　　粟本萍　陈　梦

西南交通大学出版社
·成　都·

图书在版编目（CIP）数据

廉洁种子种童心. 低段 / 李雪，陈兰主编. —成都：西南交通大学出版社，2020.3（2022.8 重印）
小学综合实践活动系列教材 / 李雪，林海亮，刘燕总主编
ISBN 978-7-5643-7138-8

Ⅰ. ①廉… Ⅱ. ①李… ②陈… Ⅲ. ①品德教育－小学－教材 Ⅳ. ①G624.151

中国版本图书馆 CIP 数据核字（2019）第 196407 号

小学综合实践活动系列教材（总主编　李　雪　林海亮　刘　燕）
Lianjie Zhongzi Zhong Tongxin
（Di Duan）
廉洁种子种童心
（低段）

主　编　李　雪　陈　兰

责任编辑　梁　红
封面设计　原创动力

出版发行　西南交通大学出版社
（四川省成都市金牛区二环路北一段 111 号
西南交通大学创新大厦 21 楼）
邮政编码　610031
发行部电话　028-87600564　028-87600533
网址　http://www.xnjdcbs.com
印刷　四川煤田地质制图印刷厂

成品尺寸　185 mm × 260 mm
总印张　7.75
总字数　105 千
版次　2020 年 3 月第 1 版
印次　2022 年 8 月第 2 次
套价(低段、高段)　25.00 元
书号　ISBN 978-7-5643-7138-8

丛书总主编的话

战略合作伙伴学校联盟（以下简称“联盟”）是西南大学西南民族教育与心理研究中心兼职研究员林海亮博士在内江师范学院的大中小学合作经验基础上，借鉴了国内外主流大中小学合作模式，于2012年提出的新合作模式。在这种合作模式下，高校（院系）、教师进修校、中小学校、教育行政部门等多方共同组成联盟体。联盟以区域教育发展为核心目标，联盟成员本着共商、共建、共享的原则，开展多元、多层、多维、深入、持久的教育合作。

在四川省应用型师范专业建设“小学教育”项目、四川省卓越教师计划“文、理、艺、科、教综合应用型小学教师培养计划”项目的支持下，以内江师范学院校级教改“战略合作伙伴学校联盟实践研究”项目为基础，在联盟理论和设想全面实施的同时，完善联盟理论和设想。

在内江师范学院教育科学学院牵头下，课题组以内江市威远县教育和体育局、教师培训中心，内江市东兴区教育和体育局、教师进修校、椑木中心学校、田家中心学校、中山中心学校、内江市外国语小学、五星小学、汉安

小学、高梁中心学校，内江市市中区教育和体育局、教师进修校，以及遂宁市蓬溪县教育和体育局、教师培训中心为重点合作对象。

本次教改的基本思路是以综合实践活动课程改革为第一个抓手和示范，推动高校专业改革与中小学课程改革联动。根据《中小学综合实践活动课程指导纲要》，中小学的综合实践活动的必修课定位得到强化，因此，高校小学教育专业也相应地把中小学综合实践活动的导法课程[①]设定为专业必修课。内江师范学院教育科学学院把小学综合实践活动导法课程称为“小学综合实践活动设计与组织”。

“小学综合实践活动设计与组织”自开设以来，改革的步伐从未停止。这次借教改项目，实现了导法课改革和小学综合实践活动课程改革的联动。在导法课的教育理念方面，融入了课程思政的重要理念和内江师范学院“小学教育”一流专业建设核心思想——“生态教育理念”，在导法课和小学综合实践活动中，全面突出马克思主义实践哲学和习近平新时代中国特色社会主义思想的指导作用，在课程目的、课程内容、实践方式、评价方法、师生关系

①中小学综合实践活动中，教师的作用不是教，而是导。因此，把综合实践活动的教材教法类课程称为“教材教法课程”或者“教学论课程”是不合适的，称“导法课程”更合适。

等方面体现生态教育理念的基本要求。在导法课的师资队伍方面，建立了高校教师与小学优秀教师组成的理论与实践、校内与校外、课内与课外全覆盖的教师团队，每位教师分工明确，各司其职，各负其责。在导法课理论与实践的连贯性、课内与课外的连贯性方面，编写了导法课教材和与之配套的小学综合实践活动校本教材。在人才培养模式方面，实现师范生培养和教师职后培养一体化，通过导法课，请小学一线优秀教师参与师范生的培养；通过师范生指导小学生依托配套的小学综合实践活动校本教材开展综合实践活动，促进师范生和在职教师实现理论与实践的融合，指导小学综合实践活动能力提升；通过编写小学综合实践活动校本教材，在高校教师的指导下，提高师范生和在职教师的综合实践活动研究能力。

《廉洁种子种童心》是与导法课配套的小学综合实践活动校本教材，是本次教改取得的重要成果之一。在未来的一段时间里，导法课教材和其他的配套校本教材将陆续出版。

总之，这次教改深化和完善了联盟理论及设想，全面推进了小学综合实践活动导法课和小学综合实践活动课程改革的联动，取得了预期效果。

丛书主编介绍

◎ 李 雪

女，1985年生，四川成都人。内江师范学院教育科学学院副教授，西南大学教育学部访问学者。先后主持市厅级课题1项，参研国家级、市厅级、校级课题共5项。在《高教探索》《教学与管理》等学术期刊上发表论文10余篇。主编教材2部，参编教材1部。

◎ 林海亮

男，1978年生，广东高州人。西南大学西南民族教育与心理研究中心兼职研究员，内江市科学技术协会主席。华东师范大学教育学博士，西南大学教育学部教育学博士后、加拿大温莎大学教育学院博士后，四川省普通中小学教科研专家库专家。主持国家社科基金青年项目1项、省厅级课题及项目4项，参加省部级项目4项。在《教育发展研究》《国家教育行政学院学报》《教育学报》《高教探索》等期刊上发表论文40余篇。出版专著4部——《正面教育论》（独立专著，北京师范大学出版社2011年版）、《大学危机管理》（合作专著，中国轻工业出版社2010年版）、《新时期学校德育热点问题研究》（合作专著，广东教育出版社2008年版）、《欧盟教育政策的历史变迁与发展趋势》（合作专著，高等教育出版社2016年版）；主编教材《中华好少年——“三爱”教育读本（7～9年级）》（人民出版社2014年版）、《中华好少年——“三爱”教育读本（3～6年级）》（人民出版社2014年版）、《教育心理学》（北京师范大学出版社2012年版）等5部，参编教材3部。

◎ 刘 燕

女，1971年生，四川内江人。内江市东兴区椑木镇中心学校书记、校长。曾获四川省义务教育贡献奖，内江市优秀校长。先后主持省部级课题1项，参研国家级、省部级、市厅级课题共3项。

廉洁教育，从小抓起

李　雪[1]

一、写给孩子的话

孩子们，廉洁是人类永恒的话题。廉洁既是人们日常的个人行为，也是社会健康发展的重要基础。

廉洁源于个人的自律。因此，廉洁是不分年龄、不分时空的。我们从小就要树立廉洁观念，提高自律能力，践行廉洁规范，养成廉洁习惯，长大了才能成为廉洁的人。为此，我们编辑出版了此书，供同学们学习。

本套书选用中国经典文化、哲理故事中与廉洁品质息息相关的内容，通过诵读、讨论、写画等方式，希望同学们在愉快的学习活动中，深刻体会到廉洁的重要性，在日

①李雪，内江师范学院教育科学学院副教授。

常生活中践行廉洁行为，坚定廉洁信念，努力成为祖国栋梁之材！

二、写给老师的话

老师们，廉洁教育是当前学校德育的重要内容。因此，我们需要正确认识廉洁、了解廉洁教育的特点。在这里，谈谈我们粗浅的认识，供大家参考。

廉洁是社会道德的重要组成部分。

廉洁不仅仅是一个政治概念，还是社会道德概念。廉洁是调节人际关系的重要准则，是实现社会公平正义的重要基础。任何一个时代、任何一个社会，如果没有廉洁，社会公平正义就会被破坏，社会发展就会减缓甚至停滞。

廉洁不是独立存在的一种社会现象，它与德育的其他内容紧密相连。老师开展以廉洁为主题的教育活动必然离不开各种美好品质与社会道德的教育，只有以美德筑牢孩子们的廉洁思想防线的教育才是最有效的廉洁教育。

廉洁是不分年龄的，只是，对不同年龄的人有不同的要求。

纪律和规矩是廉洁的标准，自律是廉洁的前提。个体

的自律能力需要从小培养。对小学生进行廉洁教育的目的是根据小学生身心发展规律，帮助小学生体会廉洁的重要意义，坚定廉洁自律的信念，形成廉洁自律的能力。

基于以上理解，我们编辑出版了《廉洁种子种童心（低段）》和《廉洁种子种童心（高段）》。

这套书的特点是非常明显的。

首先，图文并茂。书中使用了大量插图，这些插图有一部分是参编老师原创作品，既反映了作者认真负责的态度和创新精神，又有利于学生更加深刻地理解廉洁的意义。

其次，把廉洁教育与审美教育相结合，成功地把廉洁教育艺术化，让学生在廉洁教育中受到审美教育，在审美教育中潜移默化地受到廉洁教育。例如，作者创作了《廉之歌》，让学生在艺术课程中接受廉洁教育。

希望此书能为小学阶段的学校廉洁教育工作提供一些有益的借鉴和启示。但是，受诸多因素限制，本书疏漏之处在所难免，敬请读者批评指正，以便我们进一步修订。

本套书是在“战略合作伙伴学校联盟”的平台上，依托内江师范学院校级课题“战略合作伙伴学校联盟实践研究”（JG201726-380）完成的科研成果。内江师范学院教育科学学院李雪、内江市东兴区椑木镇中心学校（内江师范学院实践教学基地、本课题的重点合作单位）刘燕、内江市科学技术协会林海亮牵头负责全书的框架搭建和统稿。团队成员包括：刘秀平、董香平（第一单元），李雪、黄慧娟（第二单元），林勇、徐建华（第三单元），陈兰、陈小萍（第四单元）；雷行丽、黄晓东（第五单元），刘朝华、冷连（第六单元），古光辉、汪月华（第七单元），刘燕、张能（第八单元）。除此之外，李方可、陈理宣、卓进、杨梅、罗寿彬、刘沛麟、粟本萍、陈梦、郑乙苹、唐武负责本书审校、配图等工作。

目录

第一单元

第二单元

第三单元

第四单元

第一单元

单元导读

心似莲花开，清风自然来。莲之美，在于洁；廉之美，在于正。让我们通过对本单元的学习，认识莲、了解廉，做一个具有公正之心和自我约束力的好孩子。

dì kè lián
第1课 莲

jiāng nán
江南

hàn yuè fǔ
汉乐府

jiāng nán kě cǎi lián
江南可采莲，

lián yè hé tián tián
莲叶何田田。

yú xì lián yè jiān
鱼戏莲叶间。

yú xì lián yè dōng
鱼戏莲叶东，

yú xì lián yè xī
鱼戏莲叶西，

yú xì lián yè nán
鱼戏莲叶南，

yú xì lián yè běi
鱼戏莲叶北。

（陈 梦 配图）

dú yi dú
读一读

lián yòu chēng hé huò fú róng shì yī zhǒng shuǐ shēng zhí wù
莲，又称“荷”或“芙蓉”，是一种水生植物。

dì xià jīng wéi ǒu huā tuō wéi lián peng jié lián zǐ yè chēng hé yè ǒu
地下茎为藕，花托为莲蓬，结莲子，叶称“荷叶”。藕

néng shí yòng，yè rù yào，lián zǐ wéi shàng chéng bǔ pǐn，huā kě gōng guān shǎng，shì
能食用，叶入药，莲子为上乘补品，花可供观赏，是
wǒ guó shí dà míng huā zhī yī
我国十大名花之一。

cāi yi cāi
猜一猜

1. xiǎo xiǎo yī gū niang，zuò zài shuǐ zhōng yāng
小小一姑娘，坐在水中央。
shēn chuān fěn hóng ǎo，zhèn zhèn fàng qīng xiāng
身穿粉红袄，阵阵放清香。
mí dǐ
谜底：(　　　　)

（陈　梦　配图）

2. ní lǐ yī tiáo lóng，tóu dǐng yī gè péng
泥里一条龙，头顶一[1]个蓬。
shēn tǐ yī jié jié，mǎn dù xiǎo kū long
身体一节节，满肚小窟窿。
mí dǐ
谜底：(　　　　)

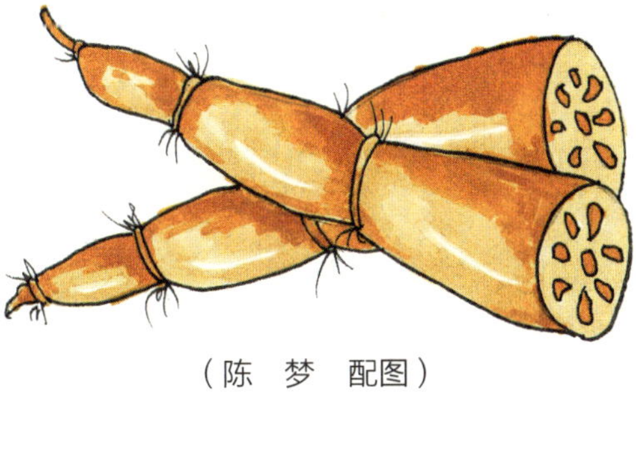

（陈　梦　配图）

---

① 在去声字前面，“一”读阳平声。

dì kè lián
第2课 廉

duì yú xiǎo xué shēng lái shuō
对于小学生来说：

lián jié shì píng shí qín jiǎn jié yuē ài xī shēng huó hé xué xí yòng pǐn bù bǎ bié rén de dōng xi jù wéi jǐ yǒu
“廉洁是平时勤俭节约，爱惜生活和学习用品，不把别人的东西据为己有。

lián jié shì yòng gǎn ēn de xīn duì dài fù mǔ péng you lǎo shī tóng xué
“廉洁是用感恩的心对待父母、朋友、老师、同学。

lián jié shì yòng gōng zhèng de xīn kàn qīng zì jǐ shì jí tǐ zhōng de yī yuán míng bai gè rén lì yì xiǎo yú jí tǐ lì yì de dào lǐ
“廉洁是用公正的心看清自己是集体中的一员，明白个人利益小于集体利益的道理。

lián jié shì yuē shù zì jǐ de yán xíng nǔ lì zuò yī gè rè ài jí tǐ dǒng jié yuē jiǎng chéng xìn de hǎo hái zi
“廉洁是约束自己的言行，努力做一个热爱集体、懂节约、讲诚信的好孩子。”

xiǎo xué shēng jiǎng lián jié
小学生 讲廉洁

xiǎo xué shēng jiǎng lián jié chéng shí shǒu jì yào láo jì
小学生，讲廉洁，诚实守纪要牢记。

bù sā huǎng bù piàn rén shuō dào zuò dào gàn shí shì
不撒谎，不① 骗人，说到做到干实事。

① 在去声字前面，“不”字读阳平声。

xiǎo xué shēng jiǎng lián jié zūn shǒu xiào guī bù wéi jì
小学生，讲廉洁，遵守校规不违纪。

qín fèn xué xí bù lǎn duò wénmíng lǐ mào yào láo jì
勤奋学习不懒惰，文明礼貌要牢记。

xiǎo xué shēng jiǎng lián jié píng shí chī chuān bù pān bǐ
小学生，讲廉洁，平时吃穿不攀比。

qín jiǎn jié yuē xīn zhōng jì yào bǐ jiù bǐ hǎo chéng jì
勤俭节约心中记，要比就比好成绩。

zhī shi liàn jiē 知识链接

lián qīng lián zhǐ bù yǐ quán móu sī bù tān zāng wǎng fǎ bù shē chǐ làng fèi bù tān qǔ bù yīng dé de qián cái
廉：清廉，指不以权谋私，不贪赃枉法，不奢侈浪费，不贪取不应得的钱财。

jié jié bái zhǐ yǒu dào dé xiū yǎng xíng wéi chún jié guāngmíng lěi luò
洁：洁白，指有道德修养、行为纯洁、光明磊落。

lián jié jiù shì qīng lián jié bái
廉洁就是清廉、洁白。

dú yi dú 读一读

lián yě chū yū ní ér bù rǎn zhuó qīng lián ér bù yāo
1. 莲也，出淤泥而不染，濯清涟而不妖；

lián zhě xiān tiān xià zhī yōu ér yōu hòu tiān xià zhī lè ér lè
廉者，先天下之忧而忧，后天下之乐而乐。

lián huā zhī jūn zǐ fēn fāng mí màn tiān dì jiān
2. 莲，花之君子，芬芳弥漫天地间；
lián rén zhī zhèng pǐn yì shēn zhèng qì pǐn xíng duān
廉，人之正品，一身正气品行端。

tīng yi tīng 听一听

xiān tīng lǎo shī jiǎng yǒu guān lián jié de gù shi zài lǎng dú gù shi zhù yì yǒu wèn yǒu dá
先听老师讲有关廉洁的故事，再朗读故事，注意有问有答。

dì kè shí huī yín
第3课 石灰吟①

míng yú qiān
〔明〕于 谦

qiān chuí wàn záo chū shēn shān liè huǒ fén shāo ruò děng xián
千锤万凿② 出深山，烈火焚烧若等闲③。

fěn gǔ suì shēn hún bù pà yào liú qīng bái zài rén jiān
粉骨碎身浑不怕④，要留清白在人间⑤。

dà yì shí huī shí zhǐ yǒu jīng guò qiān wàn cì chuí dǎ cái néng cóng shēn shān lǐ kāi cǎi chū lái tā bǎ xióng xióng liè huǒ de fén shāo dàng zuò hěn píng cháng de yī jiàn shì jí shǐ fěn shēn suì gǔ yě háo bù jù pà gān yuàn bǎ yī shēn qīng bái liú zài rén shì jiān shī rén yǐ shí huī shí zuò bǐ yù biǎo dá zì jǐ wèi guó jìn zhōng bù pà xī shēng de yì yuàn hé jiān shǒu gāo jié qíng cāo de jué xīn

大意：（石灰石）只有经过千万次锤打才能从深山里开采出来，它把熊熊烈火的焚烧当作很平常的一件事。即使粉身碎骨也毫不惧怕，甘愿把一身清白留在人世间。诗人以石灰石作比喻，表达自己为国尽忠、不怕牺牲的意愿和坚守高洁情操的决心。

于谦（1398—1457），明代大臣。字廷益，钱塘（今浙江杭州）人。

① 石灰吟：赞颂石灰。吟：吟颂，古代诗歌体裁的一种。

② 千锤万凿：也作“千锤万击”或“千椎万击”，指无数次的锤击开凿，形容开采石灰石非常艰难。千、万：虚词，形容很多；锤：锤打；凿：开凿。

③ 若等闲：好像很平常的事情。若：好像、好似；等闲：平常，轻松。

④ 粉骨碎身：也作“粉身碎骨”；浑：亦作“全”；怕：也作“惜”。

⑤ 清白：石灰洁白的本色，比喻高尚的节操；人间：人世间。

读一读

朗读古诗，了解诗句中诗人伟大的理想和不怕牺牲的精神。

填一填

粉骨碎身浑________________________，

要留________________________在________________________。

（陈 梦 配图）

第4课　狐狸看仓库

狮子在森林召开大会，说：“我建了一座储藏食物的大仓库，谁愿意来看管？”狐狸说：“大王，我愿意！”狮子笑着答应了。

第二天一大早，狮子对狐狸说：“你要好好干啊！”狐狸答应了一声，拿上仓库的钥匙，美滋滋地去工作了。

过了几天，狮子来检查工作。狐狸正在仓库门口认真地巡逻，看见狮子来了，笑眯眯地迎了上去：“大王您看，我对工作很负责吧？”

狮子点一点头说：“嗯，我们到仓库里看看吧。”

狮子和狐狸走进去一看，仓库里面的鱼、肉都摆放得整整齐齐，一样也不少。

在狮子清点食物的时候，狐狸随手拿了一条小鱼放进了自己的口袋。

狮子看见后皱了皱眉头，却没有理会它。

到了晚上，狮子叫来狐狸，严肃地对它说：“狐狸先生，明天你不用来看管仓库了。”

狐狸惊讶地问：“为什么？难道您对我的工作不满意吗？”

狮子说：“你工作很认真，不过我看见你把一条小鱼放进了自己的口袋。狐狸解释说：“那只是一条很小的鱼，仓库里的鱼那么多，您还在乎一条小鱼吗？”

狮子语重心长地说：“每天拿一条小鱼，一年就是365条；今天你拿一条小的，明天你或许会拿一条大的。我们要廉洁，不能拿不属于自己的东西，哪怕是极小的。”

狐狸听后觉得很羞愧，红着脸走开了。

（江慧敏　配图）

xiǎo gù shi dà dào lǐ
小故事大道理

zuò rén yào lián jié rú guǒ jīng bù zhù yǎn qián de yòu huò jiù huì shī qù wèi lái de xìng fú jiù xiàng hú li yī yàng wèi le yī tiáo xiǎo yú bù jǐn shī qù le kān shǒu yuán de gōng zuò hái shī qù le bié rén duì tā de xìn rèn wǒ men yī dìng yào xī qǔ hú li de jiào xùn

做人要廉洁，如果经不住眼前的诱惑，就会失去未来的幸福，就像狐狸一样，为了一条小鱼，不仅失去了看守员的工作，还失去了别人对他的信任。我们一定要吸取狐狸的教训。

tīng yi tīng
听一听

xiān tīng lǎo shī jiǎng yǒu guān lián jié de tóng huà gù shi, zài lǎng dú gù shi, zhù yì duì huà de yǔ qì.

先听老师讲有关廉洁的童话故事，再朗读故事，注意对话的语气。

jiǎng yi jiǎng
讲一讲

shì zhe yòng xià miàn de cí yǔ jiǎng gù shi:

试着用下面的词语讲故事：

sēn lín　dà cāng kù　fù zé　zhěngzhěng qí qí　qīngdiǎn shí wù　yán sù
森林　大仓库　负责　整整齐齐　清点食物　严肃

mǎn yì　yǔ zhòng xīn cháng　rèn zhēn　lián jié　xiū kuì　hóng zhe liǎn
满意　语重心长　认真　廉洁　羞愧　红着脸

dì yī dān yuán zōng hé shí jiàn huó dòng
第一单元综合实践活动

rèn shi lián huā
认识莲花

huà yi huà
1. 画一画

xiǎo péng yǒu men qǐng huà yī fú lián huā tú kàn shéi huà de yòu kuài yòu hǎo kàn
小朋友们，请画一幅莲花图，看谁画得又快又好看。

xiě yi xiě
2. 写一写

táng táng zhèng zhèng zuò rén gān gān jìng jìng zuò shì bù wèi míng lì wèi bǎi xìng
堂堂正正做人，干干净净做事，不为名利为百姓。

shēn rú hé huā xīn bù rǎn gōng zhèng yán míng bǐ qīng tiān
身如荷花心不染，公正严明比青天。

chàng yí chàng
3. 唱一唱

chàng jiāng nán
唱《江南》。

江南

a小调，$\frac{4}{4}$
♩=70 稍慢

汉乐府
榉木镇中心学校音乐组 译配

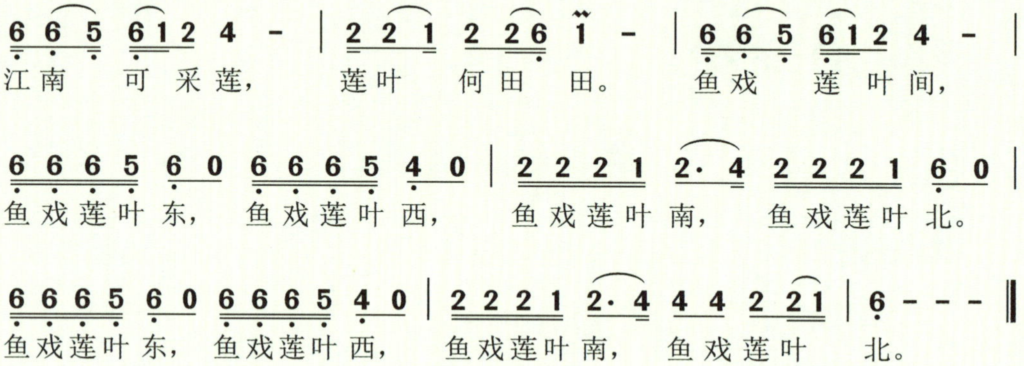

4. 做一做

分组讨论生活中哪些行为是不诚实的行为。

dì èr dān yuán

第二单元

dān yuán dǎo dú

单元导读

zì lǜ jiù shì néng gòu kè zhì zì jǐ, zuò dào zì xǐng、zì jǐng、zì ài。zì lǜ de rén gèng néng fā xiàn shēng huó zhī měi, gǎn dào xìng fú kuài lè, yǒng yuǎn chōng mǎn jī jí xiàng shàng de lì liàng。

自律就是能够克制自己，做到自省、自警、自爱。自律的人更能发现生活之美，感到幸福快乐，永远充满积极向上的力量。

第5课　许衡不食梨

许衡是我国古代杰出的思想家、教育家和天文历法学家。一年夏天，许衡与很多人一起逃难。在经过河阳（今河南省孟州市）时，由于长途跋涉，加之天气炎热，所有人都感到饥渴难耐。

这时，有人突然发现路边刚好有一棵大梨树，梨树上结满了黄澄澄的梨子。于是，大家都你争我抢地爬上树去摘梨来吃，唯独许衡一人，端正坐于树下，不为所动。

众人觉得奇怪，有人便问许衡："你为何不去摘个梨来解一解渴呢？"许衡回答说："不是自己的梨，岂能乱摘？！"问的人不禁笑了，说："现在时局如此之乱，大家都各自逃难，眼前的这棵梨树的主人早就不在这里了，主人不在，你又何必介意？"

（陈 梦 配图）

xǔ héng shuō　lí shù shī qù le zhǔ rén　nán dào wǒ de xīn yě méi yǒu zhǔ
许衡说：“梨树失去了主人，难道我的心也没有主

rén ma　xǔ héng shǐ zhōng méi you zhāi lí
人吗？”许衡始终没有摘梨。

xiǎo gù shi dà dào lǐ
小故事大道理

miàn duì yòu huò　wǒ men yīng gāi láo jì zì lǜ　zhǐ yǒu zuò dào le zì
面对诱惑，我们应该牢记自律。只有做到了自

lǜ　cái néng zài méi yǒu jì lǜ yuē shù de qíng kuàng xià láo láo bǎ wò zhù zì jǐ
律，才能在没有纪律约束的情况下牢牢把握住自己。

读一读

1. 一个人一旦明白事理，首先就要做到诚实而有节制。

——［法］德拉克洛瓦

2. 自我控制是最强者的本能。

——［英］萧伯纳

3. 征服自己的一切弱点，正是一个人伟大的起始。

——沈从文

dì kè zì lǜ gē

第6课 自律歌

zài rì cháng shēng huó zhōng wǒ men yīng gāi yǐ zhōng xiǎo xué shēng shǒu zé hé
在日常生活中，我们应该以《中小学生守则》和
xiǎo xué shēng rì cháng xíng wéi guī fàn lái yuē shù zì jǐ de yán xíng jǔ zhǐ zuò
《小学生日常行为规范》来约束自己的言行举止，做
yī gè zì zūn zì ài zì qiáng de hǎo hái zi
一个自尊、自爱、自强的好孩子。

zì lǜ gē

自律歌

wǒ men cóng xiǎo yào zì lǜ xué huì zì jǐ guǎn zì jǐ
我们从小要自律，学会自己管自己。
zài xiào bù dāng xiǎo bà wáng zài jiā bù dāng xiǎo huáng dì
在校不当小霸王，在家不当小皇帝。
méi huā xiāng zì kǔ hán lái kè kǔ xué xí lì dà zhì
梅花香自苦寒来，刻苦学习立大志。
duì dài tóng xué yào hé qi jiù xiàng jiě mèi yǔ xiōng dì
对待同学要和气，就像姐妹与兄弟。
pèng dào nán tí dà jiā bāng yǒu le kùn nán qí chū lì
碰到难题大家帮，有了困难齐出力。
tuán jié hù zhù zuì guāng róng sǔn rén lì jǐ zuì kě chǐ
团结互助最光荣，损人利己最可耻。
chéng shí shǒu xìn dài tā rén yán yǐ lǜ jǐ duì zì jǐ
诚实守信待他人，严以律己对自己。

dú yi dú
读一读

bù yuàn tiān　bù yóu rén
1. 不怨天，不尤人。

mèng zǐ　gōng sūn chǒu xià
——《孟子·公孙丑下》

jiàn rén è　jí nèi xǐng　yǒu zé gǎi　wú jiā jǐng
2. 见人恶，即内省。有则改，无加警。

dì zǐ guī
——《弟子规》

zé rén zhī xīn zé jǐ　shù jǐ zhī xīn shù rén
3. 责人之心责己，恕己之心恕人。

zēngguǎng xián wén
——《增广贤文》

（陈　梦　配图）

第7课　憋不住话的乌龟

从前，在一个小泥塘里，住着一只小乌龟。小乌龟很爱爬到阳光下，跟过往的行人闲谈。它跟走兽谈，跟飞禽谈，跟游鱼谈——那张小小的嘴巴一刻也没有停止过说话。

有一天，从天边飞来两只漂亮的大雁。

“小乌龟，”一只大雁叫道，“你愿意跟我俩一起飞到我们那美丽、遥远的家乡去吗？我们住在一个波光粼粼、清澈如镜的小湖上。”

乌龟当然想去看一看。

“可是，我怎么才能跟你俩一起去呢？我的身上没长翅膀呀！”小乌龟说。

“咕——，我们会带你去的，”大雁说，“如果你同意闭上嘴巴，一个字也不说的话。”

“哈哈哈，我当然可以把嘴闭上，就像你说的那样，连一个字也不说。”小乌龟回答道。

第二天，大雁飞回来的时候，它俩用嘴衔着一根棍子——各自衔着棍子的一端。“你用嘴咬住这根棍子，”它俩对小乌龟说，“在我们飞行的时候，千万不要说话。如果你一说话，就会放开棍子，从天上掉下去。”“我一定按你们说的那样做。”小乌龟急于离开污泥塘，满口答应着。

（陈 梦 配图）

于是，小乌龟用嘴咬着棍子，两只大雁各衔棍子的一端，起飞赶路了。它们飞过树梢，直上晴朗的蓝天。但是，当它们飞过村庄时，地上的孩子们看见了他们的老朋友小乌龟。

“嗨，看乌龟啰！”他们叫喊起来了。“我要去一个很远很远的地方！”小乌龟很想炫耀一番，但它立即记起了大雁起飞前的警告，便没有张嘴。“它看起来多么蠢呀！”孩子们叫喊道。“你们才蠢呢！”小乌龟真想这样回答他们，但马上又想起了大雁的话，便没有张嘴。

“它怎么能闭着嘴不说话呢，”孩子们嘲笑道，“大家猜猜，它真的能憋住话吗？”这下子，小乌龟可实在受不了啦！“我当然能憋住话！”小乌龟喊道。一瞬间，小乌龟的嘴巴松开了，吧嗒一声，它便掉在了孩子们脚边。“可怜的小乌龟，”孩子们叫喊着，“它真的连一句话都憋不住啊！”

sī kǎo rú guǒ xiǎo wū guī yī zhí rěn zhù bù kāi kǒu jiǎng huà tā hái
思考：如果小乌龟一直忍住不开口讲话，它还
huì cóng tiān shàng diào xià lái ma
会从天上掉下来吗？

xiǎo gù shi dà dào lǐ
小故事大道理

yī gè rén rú guǒ bù fēn shí jiān bù fēn chǎng hé xiǎng zuò shén me jiù zuò
一个人如果不分时间、不分场合，想做什么就做
shén me hòu guǒ jiāng bù kān shè xiǎng yīn cǐ měi yī gè rén dōu yīng gāi kòng zhì
什么，后果将不堪设想！因此，每一个人都应该控制
zhù zì jǐ
住自己。

dì èr dān yuán zōng hé shí jiàn huó dòng
第二单元综合实践活动

zì lǜ shì měi dé
自律是美德

jiǎng yi jiǎng
1. 讲一讲

yǔ tóng xué fēn xiǎng zì jǐ zì lǜ de shì qing
与同学分享自己自律的事情。

wán yi wán
2. 玩一玩

xiǎo yóu xì wǒ men dōu shì mù tou rénr
小游戏“我们都是木头人儿”。

zuò yi zuò
3. 做一做

yǔ tóng xué hé zuò zhì zuò yǐ zì lǜ wèi zhǔ tí de míng yán jǐng jù shū qiān zuò hǎo hòu kě yǐ sòng gěi qīn rén hé péng you
与同学合作，制作以“自律”为主题的名言警句书签，做好后可以送给亲人和朋友。

dì sān dān yuán

第三单元

dān yuán dǎo dú

单元导读

lián jié shì zhōng huá mín zú de chuán tǒng měi dé
廉洁是中华民族的传统美德。

fān kāi màn màn lì shǐ cháng juǎn, wǒ men bù nán kàn dào:
翻开漫漫历史长卷，我们不难看到：

fán shì qīng zhèng lián jié、wù shí wèi mín de rén, yī dìng
凡是清正廉洁、务实为民的人，一定

shì chéng shí shǒu xìn、shàn liáng zhèng zhí de rén。wǒ men
是诚实守信、善良正直的人。我们

yào cóng xiǎo zuò qǐ, cóng yī diǎn yī dī zuò qǐ, péi yǎng
要从小做起，从一点一滴做起，培养

lián jié pǐn zhì。
廉洁品质。

dì kè chéng xìn tóng yáo
第8课 诚信童谣

yī chéng xìn shì gè bǎo
（一）诚信是个宝

chéng xìn shì gè bǎo， dà jiā bù kě shǎo，
诚信是个宝，大家不可少，

rén rén jiǎng chéng xìn， shén me dōu kě kào。
人人讲诚信，什么都可靠。

zuò yè bù chāo xí， zhī shi zhǎng wò láo，
作业不抄袭，知识掌握牢，

kǎo shì bù zuò bì， zhì liàng zhēn zhèng gāo。
考试不作弊，质量真正高。

yǒu cuò jiù gǎi zhèng， zuò gè hǎo bǎo bao。
有错就改正，做个好宝宝。

èr chéng shí shǒu xìn rén rén kuā
（二）诚实守信人人夸

tóng xué zhī jiān bù zhāng yáng， péng you zhī jiān bù chāng kuáng。
同学之间不张扬，朋友之间不猖狂。

jiā zhǎng miàn qián bù sā huǎng， lǎo shī miàn qián bù kuā zhāng。
家长面前不撒谎，老师面前不夸张。

zuò cuò shì qing yào gǎi zhèng， shuō cuò le huà yào chéng rèn。
做错事情要改正，说错了话要承认。

xǔ xià chéng nuò yào zūn shǒu， dā ying duì fāng yào zuò dào。
许下承诺要遵守，答应对方要做到。

cóng xiǎo yào shuō lǎo shi huà， chéng shí shǒu xìn rén rén kuā。
从小要说老实话，诚实守信人人夸。

dú yi dú
读一读

rén bèi xìn zé míng bù dá
1. 人背信则名不达。

hàn liú xiàng
——〔汉〕刘向

dà yì yí gè rén rú guǒ wéi bèi le chéng nuò nà me tā de míng shēng jiù dé bu dào chuán yáng
大意：一个人（如果）违背了承诺，（那么）他的名声就得不到传扬。

zhì bù qiáng zhě zhì bù dá yán bù xìn zhě xíng bù guǒ
2. 志不强者智不达，言不信者行不果。

dōng zhōu mò zǐ
——〔东周〕墨子

dà yì yì zhì bù jiān dìng de rén zhì huì yě bù tōng dá yán yǔ bù chéng shí de rén zuò shì yě bù huì yǒu hǎo jié guǒ
大意：意志不坚定的人，智慧也不通达；言语不诚实的人，做事也不会有好结果。

（陈 梦 配图）

dì kè mù ǒu qí yù jì
第9课 木偶奇遇记

xiǎo zhèn shang zhù zhe yī wèi zhuān mén zuò wán jù de xuē bèi tè lǎo bó bo lǎo
小镇上，住着一位专门做玩具的薛贝特老伯伯。老
bó bo méi yǒu hái zi shēng huó fēi cháng jì mò yīn cǐ yǒu yī tiān lǎo bó bo
伯伯没有孩子，生活非常寂寞。因此，有一天，老伯伯
biàn yòng mù tou zuò le yī gè kě ài de xiǎo mù ǒu nán hái
便用木头做了一个可爱的小木偶男孩。

zuò wán hòu lǎo bó bo ài bù shì shǒu rěn bu zhù tàn kǒu qì shuō
做完后，老伯伯爱不释手，忍不住叹口气说：
ài rú guǒ nǐ shì yī gè zhēn de xiǎo nán hái nà gāi yǒu duō hǎo a
“唉！如果你是一个真的小男孩，那该有多好啊！”

bàn yè lǐ guài shì fā shēng le yī wèi měi lì de tiān shǐ tū rán chū xiàn
半夜里，怪事发生了——一位美丽的天使突然出现
le xiān nǚ qīng qīng de duì shú shuì de lǎo bó bo shuō lǎo bó bo nín céng jīng
了。仙女轻轻地对熟睡的老伯伯说：“老伯伯，您曾经
zuò guo xǔ duō piào liang kě ài de wán jù wèi hái zi men dài qù huān lè yīn cǐ
做过许多漂亮可爱的玩具，为孩子们带去欢乐，因此，
wǒ bāng nín shí xiàn yuàn wàng
我帮您实现愿望。”

xiān bàng qīng qīng yī diǎn xiǎo mù ǒu zhàn qǐ lái le
仙棒轻轻一点，小木偶站起来了。

xiǎo mù ǒu zài zhuō zi shang liàn xí zǒu lù zǒu zhe zǒu zhe jìng diē dǎo
小木偶在桌子上练习走路，走着，走着，竟跌倒
le chǎo xǐng le lǎo bó bo lǎo bó bo róu rou shuāng yǎn bù gǎn xiāng xìn zuì
了，吵醒了老伯伯。老伯伯揉揉双眼，不敢相信，最
hòu zhōng yú rěn bu zhù yī bǎ bào qǐ xiǎo mù ǒu yòu chàng yòu tiào
后，终于忍不住一把抱起小木偶，又唱又跳！

dì èr tiān xiǎo mù ǒu kāi shǐ shàng xué le tā bēi zhe shū bāo wǎng xué xiào
第二天，小木偶开始上学了。他背着书包往学校

走。才走到半途，忽然听到喇叭声、鼓声，好不热闹！

“咦，是在演戏呢！真想去看看，可是，又必须上学。但晚一天去上学应该也没关系。”这么安慰自己后，小木偶便急忙往马戏团去了。

马戏团的主人因为喜欢小木偶，便赏了他五枚金币。小木偶高兴极了，拿着金币往家里跑，谁知竟碰上了狡猾的狐狸和猫。

“小木偶啊，你想不想让你的钱变得更多呢？我们知道有个奇异的草原，只要你种下一枚金币，就会长出一棵长满金币的树哟！”

“真的？请你们快带我去吧！”

结果，小木偶被骗了，他们逼他交出金币。小木偶将金币藏在嘴里，狐狸和猫找不到，便将他吊到树上。

就在小木偶支持不住时，仙女来了，救了他。“你把金币放哪里了？”仙女问。

小木偶不想说真话，就告诉仙女金币在他逃跑的时候弄丢了（其实没有），刚说完，他的鼻子就变成两个指头那么长。

“咦，不对呀！怎么越说鼻子变得越长呢？”小木偶纳闷了。“你到底把金币丢在哪儿了？”仙女问。小木偶又随口一说：“就丢在附近的林子里了。”他又说谎了，鼻子又长了一截。“如果就在附近的林子里，我们就去找一找，肯定能找到。”

小木偶慌张地说：“哦，我想起来了，金币没丢，只是我喝药的时候不小心吞进肚子里了。”谎话刚说出口，他的鼻子呼地一下又长长了。仙女揭穿了小木偶的谎言，他无地自容。他求仙女：“救救我，我再也不

（栗本萍　配图）

gǎn shuō huǎng huà le xiān nǚ zhè cái ràng tā de bí zi huī fù zhèng cháng
敢说谎话了。”仙女这才让他的鼻子恢复正常。

dú yi dú 读一读

rú guǒ yào bié rén chéng xìn shǒu xiān zì jǐ yào chéng xìn
1. 如果要别人诚信，首先自己要诚信。

yī liǎng zhòng de zhēn chéng qí jià zhí děng yú yī dūn zhòng de cōng míng
2. 一两重的真诚，其价值等于一吨重的聪明。

nǐ bì xū yǐ chéng dài rén bié rén cái huì yǐ chéng huí bào
3. 你必须以诚待人，别人才会以诚回报。

zuò yi zuò 做一做

ràng wǒ men měi gè rén dōu pěng chū chéng xìn de xīn jǔ qǐ chéng xìn de shǒu zhēn chéng de duì dài shēn biān de měi yí gè rén wǒ men xiāng xìn míng tiān yí dìng huì gèng měi hǎo
让我们每个人都捧出诚信的心，举起诚信的手，真诚地对待身边的每一个人，我们相信，明天一定会更美好！

wǒ xuān shì
我宣誓：

yán bì xíng　xíng bì guǒ　zhī zhī wéi zhī zhī　bù zhī wéi bù zhī
言必行，行必果。知之为知之，不知为不知。

yǐ chéng xìn huàn qǔ chéng xìn　yǐ chéng xìn shōu huò chénggōng　yòngchéng xìn kāi qǐ
以诚信换取诚信，以诚信收获成功。用诚信开启

zhī shi zhī chuāng　yòngchéng xìn gǔ qǐ shàng jìn zhī fān　wǒ chéng xìn　wǒ guāng
知识之窗，用诚信鼓起上进之帆。我诚信，我光

róng　wǒ chéng xìn　wǒ zì zūn　wǒ chéng xìn　wǒ chénggōng
荣！我诚信，我自尊！我诚信，我成功！

（粟本萍　配图）

dì kè shī liǎng shǒu
第10课 诗两首

qīng sōng
青松

chén yì
陈毅

dà xuě yā qīng sōng, qīng sōng tǐng qiě zhí.
大雪压青松，青松挺且直。

yào zhī sōng gāo jié, dài dào xuě huà shí.
要知松高洁，待到雪化时。

dà yì: dà xuě yuè shì yā zhe qīng sōng, qīng sōng yuè shì zhí tǐng. yào xiǎng zhī dào qīng sōng gāo jié de pǐn gé, jiù děng dào xuě róng huà de shí hou ba!
大意：大雪越是压着青松，青松越是直挺。要想知道青松高洁的品格，就等到雪融化的时候吧！

zhú shí
竹石

qīng zhèng bǎn qiáo
〔清〕郑板桥

dàn yān gǔ mò zòng héng, xiě chū cǐ jūn bàn miàn.
淡烟古墨纵横，写出此君半面。

bù xū rì bào píng ān, gāo jié qīng fēng céng jiàn.
不须日报平安，高节清风曾见。

dà yì: huà zhōng de zhú zi zài bī zhēn, huà de zài hǎo, yě bù néng wán quán biǎo dá chū zhú zi suǒ yùn hán de jīng shén. bù xū yào xiàng nà ge zhǔ guǎn sēng sì shì wù de hé
大意：画中的竹子再逼真，画得再好，也不能完全表达出竹子所蕴含的精神。不需要像那个主管僧寺事务的和尚一样每天都报竹子的平安，因为竹子的高风亮节我们都是知道的。

读一读

1. 善者不辩，辩者不善；知者不博，博者不知。

——《道德经》

大意：善良的人不巧说，巧说的人不善良；真正有知识的人不卖弄，卖弄自己懂得多的人不是真有知识。

2. 交善人者道德成，存善心者家里宁，为善事者子孙兴。

——〔明〕方孝孺

大意：交良友有利于培养自己的好品德，心存善意能使家庭和睦安宁，做好事会使子孙兴旺。

3. 勿以恶小而为之，勿以善小而不为。

——〔东汉〕刘备

大意：不要认为微小的坏事就可以做，不要认为好事不大就不去做。

（栗本萍　配图）

第11课　正直的护士

（栗本萍　配图）

晶晶是一位刚刚从医学院毕业的小护士，今天是她第一次参加外科手术，为了这次手术，晶晶做了很多准备工作。

刚来到手术室，晶晶的心就怦怦直跳，她的手微微发抖，手掌心里渗出了细细的汗水。她深深地吸了一口气，暗暗对自己说：“晶晶，你是最棒的，加油！”

接着，晶晶开始认真地数起手术用的棉球。

手术开始了，递棉球、送剪刀、换手术刀……晶晶的动作十分熟练，紧张和害怕早就被自信和淡定赶跑了。很快，手术就要结束了，晶晶不由得松了一口气。这时，主刀医生对大家说：“准备缝合伤口。”晶晶仔细数了数托盘里的棉球，发现少了一个，心里想：“咦，怎么只有11个？手术前我明明准备了12个，要不要跟医生说一声？可是，他是全院最出色的医生，号称‘第一把刀’，而我只是一个新手，能说吗？万一惹他生气，被他骂一顿，该怎么办？可是如果不说，就是对患者的不负责任。”晶晶内心纠结不安，心跳又一次加快。

“开始缝合伤口！”主刀医生说。

“请等一下！”眼看大家动手准备缝合伤口，晶晶来不及思索，就脱口而出，“还有一个棉球没有取出来！”

“我已经全部取出来了！”主刀医生缓缓地说着。

“不行，我们必须对病人负责，一定要找到第12

gè mián qiú jīng jīng jiān dìng de shuō
个棉球！”晶晶坚定地说。

zhè shí zhǔ dāo yī shēng wēi wēi yī xiào duì jīng jīng shuō nǐ shì yī míng
这时，主刀医生微微一笑，对晶晶说：“你是一名
hé gé de hù shi yǐ jīng tōng guò le jīn tiān zhè chǎng tè shū de kǎo shì shuō
合格的护士，已经通过了今天这场特殊的考试。”说
zhe tā tái qǐ jiǎo lòu chū le dì gè mián qiú
着，他抬起脚，露出了第12个棉球。

xiǎo gù shi dà dào lǐ
小故事大道理

shàng miàn de gù shi zhōng wǒ men kàn dào le yī wèi jìng yè fù zé de
上面的故事中，我们看到了一位敬业、负责的
bái yī tiān shǐ tā jiāo huì wǒ men yào rèn zhēn xì zhì de duì dài xué xí hé
“白衣天使”，她教会我们要认真、细致地对待学习和
shēng huó zhōng de suǒ yǒu shì qing bù tōu lǎn bù fū yǎn bù lùn zuò shén me shì
生活中的所有事情，不偷懒、不敷衍，不论做什么事
qing dōu yào nǔ lì zuò dào zuì hǎo
情，都要努力做到最好。

第三单元综合实践活动

做正直善良的人

1. 判一判

（粟本萍 配图）

情境1：三年级二班的值周生今天负责检查三年级所有班级的卫生，他见三年级一班的清洁区不太干净，便给三年级一班评了“良”。当检查自己班的清洁区时，他发现也不太干净，犹豫不决，不知该如何评价，而三年级二班的同学也有不同的意见。

有人说：“当然要评优，谁当值周生都会向着自己班。”

有人说："那不好吧，咱们打扫干净了再评吧。"

情境2：某工厂宿舍区，王奶奶家窗户的玻璃被打破了，她到处问人是谁打破的。小徐和小于看见是小李打破的，小于刚想告诉王奶奶，小徐一把拉住他说："小李的爸爸是厂长，她妈妈也挺厉害的，咱们别管这件事了。"

如果遇到这些情况，你会怎么办？

2. 谈一谈

怎么做一个正直善良的人？

3. 做一做

办一期以"做正直善良的人"为主题的手抄报。

第四单元

单元导读

新时代的少年儿童应该知荣辱，做当荣之事，拒为辱之行。“志存高远，明德笃行”，让我们唱出绚烂的人生，舞出动人的青春。

第12课　少年志存高远

昔有一少年，家贫甚，伐薪自食，夜则映月以览。邻村有富者，衣锦食肉，恒炫于众。一日富者出猎，左右持弓，鹰犬罗后，途与少年遇。富者众辱之，曰：“尔贫如此，尚不及吾之鹰犬。”少年不应。富者复曰：“尔随吾后，与鹰犬同逐狐兔，先得者赏尔。”少年作色曰：“吾虽家徒壁立，然志存高远，非若等鼠类可比！”左右欲殴之，少年瞋目斥之：“尔辈亦鹰犬也！”不顾而去。

大意：从前有一个少年，家里十分贫困，靠砍柴养活自己。他白天砍柴，晚上就照着月光读书。邻村有一富人，穿

（栗本萍　配图）

锦缎做的衣服，吃肉食，常常在众人面前炫耀。一天，富人出去打猎，他的左右随从手持弓箭，飞鹰和猎犬跟随在他后面，途中与少年相遇。富人当着大家的面侮辱他说：“你如此贫困，还不如我的老鹰和猎犬呢。”少年不回答他。富人又说：“你跟在我后面，和我的鹰、猎犬一同追狐狸和兔子，先得到的猎物就赏给你了！”少年变得严肃起来，说：“我家虽然贫穷，但我志向很大，不是你们这些鼠辈可以比的！”左右随从想要打他，少年瞪大眼睛斥责他们：“你们这些人也是他的鹰犬！”说完便头也不回地离开了。

小故事大道理

人没有志向，就没有目标。没有目标，修身养性就无从谈起。所以，要修身养性，就必须先树立志向。志存高远，心灵自然就纯洁。

读一读

1. 每一个人要有做一代豪杰的雄心壮志！应当做个开创一代的人。

——周恩来

2. 有志者事竟成也！

——《后汉书》

说一说

敬爱的周恩来总理从小立志“为中华之崛起而读书”，你的志向是什么呢？

第13课　小鱼的梦想

很久很久以前，在一条清亮的小溪里，有一条小小的快乐的鱼儿。

小鱼有一个梦，它想看看大海的模样。于是，小鱼对小溪说：“你带我去找大海吧！”小溪欢快地流淌着，对小鱼说：“好啊，跟我走吧，我知道大海在哪里。”

（江慧敏　配图）

小鱼跟着小溪游了很远，虽然经历了很多艰辛和磨难，可是小鱼很快乐，因为它的心中有一个执念：大海，无论你有多远，我都一定要找到你。

小鱼跟着小溪游呀游，终于遇见了一条宽广的大河。小溪告诉它，这就是它所知道的大海。

小鱼激动得流下了热泪，以为终于找到了它梦中的大海。

小鱼怀着深深的向往，轻轻游进大河的怀抱。小鱼在河水里欢唱、跳舞、嬉戏，觉得自己就是世界上最快乐的鱼儿。它心里想，原来大海就是这样啊，但怎么好像和想象中的大海有点儿不一样呢？

虽然有一点儿失落，小鱼依然很快乐——它向往大海，大海是鱼儿美丽的梦。

有一天，它碰到了一群小伙伴。小鱼开心地对它们说自己很快乐、很幸福。小伙伴都嘲笑它说：“傻瓜，这是一条河啊，哪里是什么大海。”小鱼迷惘了，连忙问：“那大海在哪里呀？”小伙伴们说：“你真傻，世界上哪里有什么大海啊！”

小鱼非常伤心，流下了透明的眼泪。没有谁能看到小鱼的眼泪，没有谁能读懂小鱼的伤悲。它开始怀疑，不知道世界上会不会有大海存在。

虽然小鱼心里很难过，但是它不愿意放弃自己的梦想。不久，小鱼就独自上路了。它要去寻找大海，寻找自己心中那个美丽的梦。

不知过了多久，不知经历了多少困苦和艰辛。很多年以后，一天，就在小鱼身心疲惫的时候，忽然一阵风吹来，带着一种咸咸的味道。直觉告诉小鱼，这就是海风。海风告诉小鱼：“我是大海的信使，你朝思暮想的大海就在前面。”鱼儿的眼睛湿润了——梦想原来是可以成真的。

小鱼终于见到大海了，水天一色，浩瀚无垠。梦中的大海就是这个样子啊！

小鱼游进大海，哭了。

它对大海说：“你看不见我的眼泪，因为我在水里。”

dà hǎi shuō wǒ néng gǎn shòu dào nǐ de bēi shāng yīn wèi nǐ zài wǒ xīn lǐ
大海说：“我能感受到你的悲伤，因为你在我心里。”

xiǎo yú cā gān le yǎn lèi lòu chū le xīn wèi de xiào róng
小鱼擦干了眼泪，露出了欣慰的笑容。

xiǎo yú zhōng yú míng bai le dǒng tā de dà hǎi yuán lái zhēn de cún zài
小鱼终于明白了，懂它的大海原来真的存在。

xiǎo gù shi dà dào lǐ
小故事大道理

yúr de xìng fú nà yàng jiǎn dān nà yàng chún cuì yǒu le měi lì de mèng xiǎng jiù yīng jiān chí bù xiè de nǔ lì zhuī qiú
鱼儿的幸福那样简单，那样纯粹。有了美丽的梦想，就应坚持不懈地努力追求。

chāo yi chāo
抄一抄

nǐ zuì xǐ huan de guān yú lǐ xiǎng de míng yán
你最喜欢的关于理想的名言。

jiǎng yi jiǎng
讲一讲

nǐ zuì pèi fú de rén
你最佩服的人。

第14课 皇帝修庙

皇帝想整修京城里的一座寺庙，便派人去找技艺高超的设计师，希望能够把寺庙整修得美丽而庄严。

很快，就有两组人员被找来了，其中一组是京城里有名的工匠，另外一组是几个和尚。皇帝不知该选哪一组，就出了一道题，即让两组人分别整修一座小寺庙，巧的是，这两座寺庙恰好面对面。皇帝说，只给他们三天时间，三天之后，他来查看。

（江慧敏　配图）

工匠组向皇帝要了一百多种颜色的颜料，又要了很多的工具。而和尚这一组，却只要了一些抹布和水桶。

三天之后，皇帝来了。他首先查看的是工匠们装饰的寺庙，只见这座寺庙五颜六色，工艺也非常精巧，皇帝满意地点点头。

接着，皇帝又转头看和尚整修的寺庙，只看了一眼就愣住了：寺庙非常干净，里面所有的物体都显出了它们原来的颜色，而它们光泽的表面就像镜子一样，反射出外界的色彩——天上的云、地上的树，以及对面五颜六色的寺庙。外界的一切都变成了它美丽色彩的一部分，而这座寺庙只是宁静地接受这一切。皇帝被这种庄严深深感动了。

每个事物都有自己的风格和特点，有时我们需要做的，仅仅是如实地展现它们。我们的心就像是一座寺庙，我们不需要用各种精巧的装饰来美化它，我们需要的只是让其内在原有的美无瑕地显现出来。

dú yi dú
读一读

bǎ míng yù cóng wǒ shēnshang ná zǒu，wǒ de shēngmìng yě jiù wán le。
1. 把名誉从我身上拿走，我的生命也就完了。

yīng　shā shì bǐ yà
——［英］莎士比亚

bì kāi chǐ rǔ，dàn bié qù zhuī qiú róng yào，méi yǒu shén me dōng xi de dài jià bǐ róng yào de dài jià gèng dà。
2. 避开耻辱，但别去追求荣耀，没有什么东西的代价比荣耀的代价更大。

yīng　xī dé ní
——［英］西德尼

dú yi dú
读一读

yōng bào lǐ xiǎng
拥抱理想

yì míng
佚　名

lǐ xiǎng，shì rén shēng nǔ lì de fāngxiàng。
理想，是人生努力的方向。

tā，kě néngyǒngyuǎn bù huì shí xiàn，
它，可能永远不会实现，

dàn huì zài nǐ xīn zhōng yì shēngdàngyàng。
但会在你心中一生荡漾。

yōng bào lǐ xiǎng，
拥抱理想，

nǐ huì zhǎo dào rén shēng de fāngxiàng。
你会找到人生的方向。

cháo zhe lǐ xiǎng zhǐ yǐn de fāngxiàng，
朝着理想指引的方向，

你会找到实现自我的海洋。

拥抱理想，

你会找到自己仰慕的榜样。

沿着榜样走过的道路，

你会到达理想的天堂。

拥抱理想，

你会在幸福中徜徉。

有目标的日子，

你总是那么斗志昂扬。

理想也许是你心中永远的迷茫，

它能否实现的谜底，

可能会藏在高高的天上。

做一做

我们身边，不知耻的事情时有发生。请看下面同学的做法，编辑几条警示语提示大家应该怎么做。再和小组同学排练情景剧，演一演。

情境1：同学们三五成群地走在校园小路上，边走边吃零食，尽管路旁的果皮箱正“虎视眈眈”地盯着他们，可他们还是一再地重复着那个习惯性的动作，随手将垃圾扔在地上。这个时候，总会有同学弯下腰，把别人丢的垃圾拾起来放进果皮箱里。但弯下腰去拾垃圾的同学反而被别人歧视，他们的这种行为被当成是“多管闲事”。

情境2：超市里挤满了人，有的人不是安静地排队等候，而是大声喧哗，当其他人提出让他们说话小声点时，他们却以白眼相对。

dì sì dān yuán zōng hé shí jiàn huó dòng
第四单元综合实践活动

shí xiàn rén shēng lǐ xiǎng
实现人生理想

dú yi dú
1. 读一读

zhì bù lì tiān xià wú kě chéng zhī shì
1. 志不立，天下无可成之事。

míng wáng yáng míng
——〔明〕王阳明

fēi dàn bó wú yǐ míng zhì fēi níng jìng wú yǐ zhì yuǎn
2. 非淡泊无以明志，非宁静无以致远。

sān guó zhū gě liàng
——〔三国〕诸葛亮

róng rǔ zhī zé zài hu jǐ ér bù zài hu rén
3. 荣辱之责，在乎己，而不在乎人。

táng wèi zhēng
——〔唐〕魏徵

ài hào xū róng de rén yòng yī jiàn fù lì de wài yī zhē yǎn zhe yī jiàn chǒu lòu de nèi yī
4. 爱好虚荣的人，用一件富丽的外衣遮掩着一件丑陋的内衣。

yīng shā shì bǐ yà
——〔英〕莎士比亚

xiǎng yi xiǎng
2. 想一想

zǎo zài liǎng qiān duō nián qián gǔ rén jiù tí chū le lǐ
1. 早在两千多年前，古人就提出了“礼、义、廉、耻”道德观，到了宋代，又有了以“孝、悌、忠、信、礼、义、廉、耻”为内容的“八德”，这些都是中华传统美德的主要内容。通过上面的故事，我们明白了什么道理？应以什么为荣，以什么为耻？

2.《皇帝修庙》故事中，你认为最后取得胜利的会是哪一组？你能说出他们取胜的原因吗？

3. 联系生活中的现象，想一想《皇帝修庙》这则故事给你什么样的启示？

3. 说一说

你的理想是什么？怎样做才能实现你的理想？

4. 做一做

请你制订一个实现你理想的计划。

第八单元综合实践活动

爱国是永恒的主题

1. 辩一辩

举办一场辩论赛。

正方：爱国就是要干大事。

反方：爱国应该从小事做起。

2. 唱一唱

学唱一首爱国歌曲。

3. 读一读

我是中国人民的儿子，我深情地爱着我的祖国和人民。

——邓小平

人民不仅有权爱国，而且爱国是义务，是一种光荣。

——徐特立

谁不属于自己的祖国，那么他也就不属于人类。

——［俄］别林斯基

人类最高的道德是什么？那就是爱国之心。

——［法］拿破仑

纵使世界给我珍宝和荣誉，我也不愿离开我的祖国。因为纵使我的祖国在耻辱之中，我还是喜欢、热爱、祝福我的祖国。

——［匈］裴多菲

热爱祖国，这是一种最纯洁、最敏锐、最高尚、最强烈、最温柔、最有情、最温存、最严酷的感情。一个真正热爱祖国的人，在各个方面都是一个真正的人。

——［苏］苏霍姆林斯基

4. 做一做

请到学校图书馆查阅资料，并写一篇报告，描述中华人民共和国成立70多年来的变化。

◎ 小学综合实践活动系列教材（总主编　李　雪　林海亮　刘　燕）
◎ 中小学名师讲堂·素质拓展之校本教材系列丛书
◎ 四川省应用型示范专业建设“小学教育”项目成果
◎ 四川省卓越教师计划“文、理、艺、科、教综合应用型小学教师培养计划”项目成果
◎ 内江师范学院校级教改课题“战略合作伙伴学校联盟实践研究”（JG201726-380）成果
◎ 内江师范学院“小学教育”一流专业研究成果（YLZY201904）

廉洁种子种童心

（高　段）

主　编　刘　燕　雷行丽
副主编　罗寿彬　杨　梅
　　　　刘朝华　汪月华
编　委　卓　进　黄晓东
　　　　古光辉　冷　连
　　　　张　能　刘沛麟
　　　　郑乙苹　唐　武

西南交通大学出版社
·成　都·

图书在版编目（CIP）数据

廉洁种子种童心. 高段 / 刘燕，雷行丽主编. —成都：西南交通大学出版社，2020.3（2022.8 重印）
小学综合实践活动系列教材 / 李雪，林海亮，刘燕总主编 ISBN 978-7-5643-7138-8

Ⅰ. ①廉… Ⅱ. ①刘… ②雷… Ⅲ. ①品德教育－小学－教材 Ⅳ. ①G624.151

中国版本图书馆 CIP 数据核字（2019）第 196410 号

目录

第五单元

单元导读

莲乃花中之君子，廉为德之基石。莲之韵在于“出淤泥而不染，濯清涟而不妖”的洁身自好，在于酷暑烈日下“香远益清”的不颓不馁，在于暴风骤雨下“亭亭净植”的坚韧不屈。青莲者，清廉也！

第15课　晓出净慈寺送林子方

〔宋〕杨万里

毕竟西湖六月中，风光不与四时同。
接天莲叶无穷碧，映日荷花别样红。

（郑乙苹　配图）

大意：到底是西湖的六月时节，此时的风光与四季其他时候不同。碧绿的莲叶无边无际好像与天相接，在太阳的映照下荷花显得格外艳丽鲜红。

知识链接

荷花是友谊的象征和使者，我国古时候乡间就有采莲的习俗，以此思念友人。

第16课　爱莲说

〔宋〕周敦颐

水陆草木之花，可爱者甚蕃。晋陶渊明独爱菊。自李唐来，世人甚爱牡丹。予独爱莲之出淤泥而不染，濯清涟而不妖，中通外直，不蔓不枝，香远益清，亭亭净植，可远观而不可亵玩焉。

予谓菊，花之隐逸者也；牡丹，花之富贵者也；莲，花之君子者也。噫！菊之爱，陶后鲜有闻。莲之爱，同予者何人？牡丹之爱，宜乎众矣。

（江慧敏　配图）

大意：水上、陆地上各种草本木本的花，值得喜爱的非常多。晋代的陶渊明唯独喜爱菊花。从李氏唐朝以来，世人大多喜爱牡丹。我唯独喜爱莲花，（它）从积存的淤泥中长出却不被污染，经过清水的洗涤却不显得妖艳。（它的茎）中间贯通，外形挺直，不牵连，也不蔓延分支，香气远播，笔直洁净地耸立在水中。（人们）可以远远地观赏（莲），而不可轻易地玩弄它啊！

我认为菊花是花中的隐士，牡丹是花中的富贵者，莲花是花中（品德高尚）的君子。啊！（对于）菊花的喜爱，陶渊明以后就很少听到了。（对于）莲花的喜爱，像我一样的还有什么人呢？（对于）牡丹的喜爱，人数当然就很多了！

知识链接

荷花的叶子清秀，花香四溢，沁人心脾，自古就受到人们的喜爱和追捧，寄托着人们洁身自爱、不同流合污的高洁追求。几千年以来，荷花一直被人们尊奉为君子之花，在文人墨客的笔下承载了无尽的情感，为世人所喜爱。

很多画家笔墨下的荷花写意大气、色彩鲜亮，让我们感受到它的美丽与纯洁。

知识链接

1916年8月16日，孙中山从上海去杭州，当地各界人士邀他前往西湖，欣赏西湖美景。此时湖边水面荷花盛放，孙中山感叹道："中国当如此花。"随后又至秋瑾墓前，凭吊为民主革命壮烈牺牲的秋瑾烈士。

"中国当如此花"一语正是孙中山先生自身品格的表露。他既不羡慕牡丹的荣华，也不钟情于桃李的娇艳，却希望中国人都能像荷花那样高尚挺立，光明磊落，也寄望我们的国家能像荷花那样声名远播。

1908年，孙中山先生留居日本时，为了感谢房东田中隆先生对当时中国革命的支持，将手书"至诚感神"和象征君子友谊之情的四颗莲花种子赠送给他。田中隆先生的家人将这四颗莲子作为传家之宝珍藏，直到1930年，才请日本莲花专家大贺一郎先生将这四颗莲子培育开花，并命名为"孙文莲"。

说一说

古代许多文人志士都非常喜欢荷花，你喜欢它吗？如果喜欢，主要是喜欢它的哪些方面呢？

唱一唱

爱 莲 说

1=D $\frac{4}{4}$
♩=80

周敦颐 词
樟木镇中心学校音乐组 曲

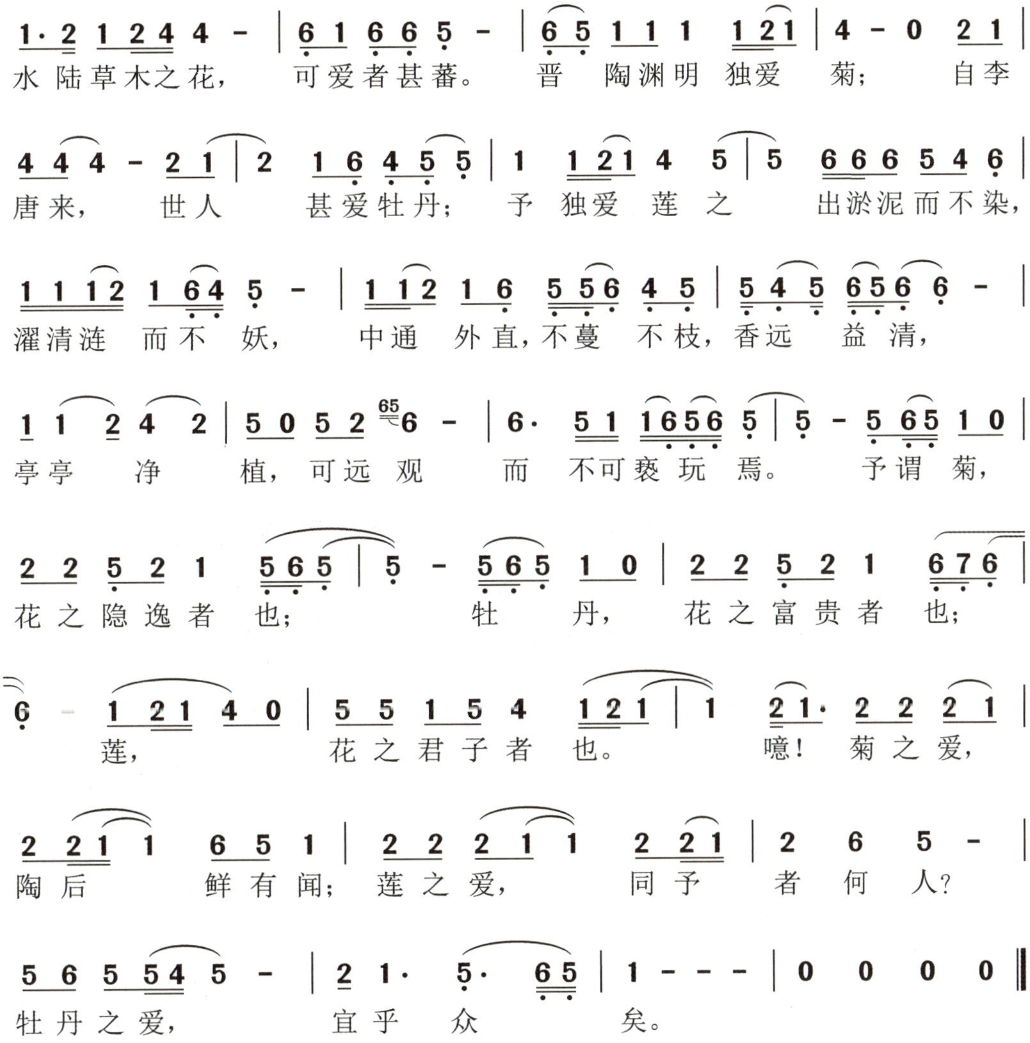

第17课 悬鹅示众

永乐年间，周新担任司法按察使。一天，有人给他送来一只烤鹅，他坚决不受，但送礼人已经抢先出门了。于是，周新叫家人把烤鹅挂在屋子后面，以后凡是有送礼者，他就让家人领着他们去看那只已经风干了的烤鹅。从此，再没人自讨没趣了。

郑乙苹 配图

读一读

莲与廉，两字谐音。

莲因洁而尊！

莲花可能不是花卉中最耀眼的一种，但它却能在污泥中生机勃发，坚守“表里如一，不牵扯攀附”的高尚品质。

人因廉而洁！

人之正，不在于人的能力有多强，水平有多高，而在于诚实守信，清白做人。

廉与莲相通，洁白的莲和廉洁的人都是受人尊重的君子；廉如莲，都是品质高贵的象征。

第18课　廉洁爱民的周敦颐

周敦颐，北宋五子之一，著名的哲学家。他曾经提出，“公”是彻底无欲的表现，对此，他在《通书》中说：“圣可以学习吗？”回答是可以学习的。“有什么要领吗？”回答是有要领的。“一”就是要领。所谓“一”，就是没有欲望。没有欲望就可以做到心能静虚，念头萌发时正直无邪。静虚就没有疑惑，没有疑惑就通达，念头萌发正直无邪就毫无私心，无私心就无偏倚。做到了这些，不就和圣人没有什么两样了吗？

周敦颐做官后不仅在思想上提倡奉公，而且在行动上也履行奉公，一心想着百姓，关心他人生活，关心社会大事。他当洪州南昌知府时得过一场大病，他的朋友潘兴嗣去探望他，一进门便吃了一惊，原来周敦颐家中空空如洗，日常生活用品全都放在一个已经破旧得不像样的柜子里，钱财无几。潘兴嗣知道，周敦颐任知府已经几年，俸禄并不低，但他领到俸禄后，总是或散以济贫，或分送同宗族的亲戚，或用来招待客人和朋友，只要别人向周敦颐说一声自己有什么困难，他总是会毫不犹豫地慷慨解囊，所以才会有现在自己生病了，连看病的钱都拿不出来的窘况。周敦颐一心为公、不图私利、爱护他人的精神值得我们学习。

阅读链接

周恩来“向老乡道歉”令人动容[1]

抗战胜利后的延安，生活仍然很困难。有一次，警卫班几个战士凑在一起，想法子给周恩来副主席弄点吃的补补身子。魏玉秀出了个主意，拿四双旧布鞋去老乡家里换了一条狗。周副主席知道后，严肃地批评小魏，说：“四双旧鞋能换到一条狗吗？老乡跟你换，是因为他们相信共产党，我们决不能侵犯老乡利益。”第二天，周副主席带着小魏找到老乡家里，向老乡道歉，并亲自付了钱。

读一读

1. 廉者，民之表也；贪者，民之贼也。

——〔宋〕包拯

2. 智者见利而思难，暗者见利而忘患。

——〔北齐〕刘昼

3. 一丝一粒，我之名节。一厘一毫，民之脂膏。宽一分，民受赐不止一分。取一文，我为人不值一文。

——〔清〕张伯行

①牧马谷：《周恩来“向老乡道歉”令人动容》，中国共产党新闻网，2013-04-18。

第五单元综合实践活动

莲花的品格

1. 画一画

画一幅以“廉洁”为主题的漫画。

2. 做一做

名人格言小报展。

3. 赛一赛

举办一场莲花摄影比赛。

第六单元

单元导读

从小明廉耻，努力扬正气。贪廉一念间，荣辱两重天。公私要分明，崇廉拒腐败。不比吃穿戴，乐于讲奉献。铁肩担道义，立志报祖国。

第19课　古诗二首

廉　泉

〔明〕张好宁

香花墩上有奇泉，饮罢头痛始觉贪。
争得长江大河水，悉于廉泉得其源。

大意：包公祠东面的香花墩上有一口奇特的泉井，如果贪官喝下去，必定苦涩难咽，像有芒刺封喉，而且当场头痛欲裂，无药可医。假如长江黄河都从廉泉里获取水源，那么我们生活的世界就会清明、公正、太平。

入　京

〔明〕于谦

绢帕麻菇与线香，本资民用反为殃。
清风两袖朝天去，免得闾阎话短长。

大意：绢帕、麻菇、线香等土特产本来应该是老百姓自己享用的，却被官员们统统搜刮走了，反而给人民带来

（江慧敏　配图）

了灾难。我两手空空进京去见皇上，免得被百姓闲话短长。

阅读链接

1.古时，“堂之侧边曰廉”。顾名思义，“廉”的古义指堂屋的侧边、棱角，取其“方”“直”之义，以此喻人正直。又因“廉”与“敛”叠韵，故有“廉，敛也，自检也”，即为人检点，收敛约束就是廉。

2.廉洁自律的境界——“洁身自好，安分守己”。

第20课　白居易怒打行贿人

（江慧敏　配图）

唐朝贞元年间，著名诗人白居易考中进士后，被派往陕西周至当县令。

刚上任，城西的赵乡绅和李财主就为争夺一块地跑到县衙打官司。为了能打赢官司，赵乡绅差人买了一条大鲤鱼，在鱼肚中塞满银子送到县衙。而李财主则命长工从田里挑了个大西瓜，掏出瓜瓤，也塞满银子送了来。收到两份“重礼”后，白居易吩咐手下贴出告示，明天公开审案。

第二天，县衙门外挤满了看热闹的百姓。白居易升堂后问道："你们哪个先讲？"赵乡绅抢着说："大人，我的理（鲤）长，我先讲。"李财主也不甘示弱说："我的理（瓜）大，该我先讲。"白居易沉下脸说："什么理长理大？成何体统！"赵乡绅以为县太爷忘了自己送的礼，连忙说："大人息怒，小人是个愚（鱼）民啊！"白居易微微一笑说："本官耳聪目明，用不着你们旁敲侧击，更不喜欢有人暗通关节。来人，把贿赂之物取来示众。"

衙役取来鲤鱼和西瓜，当众抖出银子，听审者一片哗然。白居易厉声喝道："大胆刁民，胆敢公然贿赂本官，按大唐律法各打40大板！"众百姓无不拍手称快。至于这些行贿的银子，白居易就用来救济贫苦百姓了。

（江慧敏　配图）

阅读链接

不持一砚归

包拯到端州当知府，升为殿中丞。端州出产砚台，他的前任知州假借上贡的名义，随意多征几十倍的砚台来送给权贵们。包拯命令工匠只按照上贡朝廷的数目制造。一年过去了，他没有拿一块砚台回家。

读一读

1. 欲影正者端其表，欲下廉者先之身。

——〔汉〕桓宽《盐铁论·疾贪》

2. 其身正，不令而行；其身不正，虽令不从。

——《论语·子路》

3. 公则生明，廉则生威。

——〔清〕朱舜水《伯养说》

4. 廉者憎贪，信者疾伪。

——《新唐书·陈子昂传》

说一说

我们如何做到公私分明？

第21课　清风颂

天也蓝花也红，中华处处有清风，
唱清风，颂清风，清风吹来春更浓！
清风啊清风，
荡涤世上的尘埃，清除人间的蛀虫。
你高扬神州正气，你敲响警世洪钟。
生死较量，有多少惊心动魄，
清风里站起多少平凡英雄。
天更蓝花更红，清风伴咱上征程，
颂清风，扬清风，神州大地遍清风！
清风啊清风，
唤醒多少心灵，激励无数的生命。
山因你郁郁葱葱，地因你万紫千红。
面对邪恶你像那威严的利剑，
面对人民你却捧出无限深情。
天也蓝花也红，中华处处有清风，
唱清风，颂清风，清风吹来春更浓！

（郑乙苹　配图）

唱一唱

学唱歌曲《公仆赞》《正气歌》。

看一看

观看廉政警示教育片《廉政中国》《永不凋零的巴山红叶》《蜕变的权力》。

写一写

观看廉政警示教育片的感受。

第22课　立德树人故事三则

割席分坐

管宁和华歆同在园中锄草。看见地上有一金片，管宁依旧挥动着锄头，像看到瓦片石头一样没有区别，华歆则高兴地拾起金片，然而看到管宁的神色后又扔了它。

曾经，他们同坐在一张席子上读书，有个穿着礼服的人坐着有围棚的车刚好从门前经过，管宁还像原来一样读书，华歆却放下书出去观看。管宁就割断席子和华歆分开坐，说："你不是我的朋友了。"

一颗钉子

一位大学刚毕业的女生到一家合资企业应聘，但面试后没有被录用。女孩收回自己的材料，站起来准备走时，突然觉得自己的手被扎了一下，她看了看手掌，上面渗出了血珠。原来椅子上有一颗钉子露在了外面。她见桌子上有一把镇尺，便拿来用劲把小钉子压了下去，然后微微一笑，转身离去。不一会儿，外方经理派人追上她，并告诉她："姑娘，你被录用了。"

自律的人生

根据真实故事改编的印度电影《摔跤吧，爸爸》讲述了一个爸爸不顾世俗的眼光，将两位女儿培养成女子摔跤冠军的故事。

在爸爸的管教下，两个女儿每天5点起床锻炼，不能吃辛辣油腻的食物。多年后，大女儿吉塔率先拿到全国摔跤冠军，志得意满。吉塔开始放飞自我，她吃起了喜欢的辛辣食物、蓄了长发、涂了指甲油。然而，失败也接踵而来，接下来的好几场国际比赛，她输得一塌糊涂。此时，吉塔认识到自己的错误，开始按照爸爸的方式严格要求自己，最终成为世界冠军。

读一读

1. 一个知识不全的人可以用道德去弥补，而一个道德不全的人却难以用知识去弥补。

——［意］但丁

2. 人在智慧上应当是明豁的，道德上应该是清白的，身体上应该是清洁的。

——［俄］契诃夫

做一做

“美德就在我身边”主题调查汇报活动

活动要求：通过分组分项目研究的形式，各组成员上网搜索与“廉洁”“自律”主题有关的资料，并制作多媒体汇报材料，最后形成汇报讲稿在主题班会上展示，以增强对廉洁自律的认识，感受身边人的美德。

第六单元综合实践活动

崇廉拒腐

1. 读一读

廉洁语录

· 有公德乃大，无私品自高。

· 劲松立险处，正气显人格。

· 名节重于泰山，利欲轻于鸿毛。

· 多植荷花塘自清，勤反腐败政自明。

· 莫怨清廉淡滋味，应愁贪婪铁窗泪。

· 廉如清风常拂面，贪似毒药蚀灵魂。

· 为官应立公仆志，从政最贵爱民心。

· 挡不住今天的诱惑，将失去明天的幸福。

· 天天洗脸净在其外，日日反省明在内心。

2. 想一想

100元钱的故事

某外企招聘会计人员若干，待遇丰厚。一年轻女子长相端庄，因笔试成绩颇佳，进入面试名单。一天，该女子与其女友去饭店用餐，入座后不久，一年轻男子在其对面入座。片刻，两女子去卫生间，回来后发现椅子上放着100元钱，不知从何而来。其女友翻看钱包，发现钱没少。该女子便说："这钱不是你的，那就是我的。"说完便把钱装进了自己的钱包。后来，该女子谈到将参加某外企面试之事，年轻男子便接话："小姐，我就是公司的面试官，________________。"

请你把年轻男子的话补充完整。

3. 做一做

去学校附近的法庭旁听一次庭审，并写出心得体会。

第七单元

单元导读

诚实守信、勤俭节约、正直无私、自立自强是中华民族的传统美德，而清廉是中华民族自古以来就推崇的一种人格境界。

第23课 竹 石

〔清〕郑 燮

咬定青山不放松，
立根原在破岩中。
千磨万击还坚劲，
任尔东西南北风。

大意：竹子抓住青山一点也不放松，它的根牢牢地扎在岩石缝中。经历成千上万次的折磨和打击，不管是酷暑的东南风，还是严冬的西北风，它都经受得住，仍然坚韧挺拔，顽强地生存着。

（陈 兰 配图）

读一读

巧言令色，鲜矣仁。

——《论语·学而》

仁者安仁，知者利仁。

——《论语·里仁》

夫仁者，己欲立而立人，己欲达而达人。

——《论语·雍也》

居处恭，执事敬，与人忠。

——《论语·子路》

说一说

如何才能成为一个正直的人？

第24课　立德树人故事两则

曾子杀猪

曾子的妻子准备去市场，可她的儿子哭闹着要跟着一起去。曾子的妻子便对儿子说："你回去，等我回来以后杀猪给你吃。"妻子从市场回来了，曾子要捉猪来杀，妻子拦住他说："那不过是跟小孩子说着玩的。"

曾子说："决不可以跟小孩子说着玩。小孩本来就不懂事，会照父母的样子学，听父母的教导。现在你骗他，就是教孩子骗人。做母亲的骗孩子，孩子以后便不相信母亲的话，那是不可能把孩子教好的。"于是，曾子把猪给杀了。

（陈　兰　配图）

郭沫若与芭蕉花

郭沫若小时候很淘气，但是很孝顺。

有一次，他的妈妈得了一种“晕病”。郭沫若听说芭蕉花可以治这种病，但是这种花卖得很贵，并且难得开花，于是他就和哥哥一起跑到附近的天后宫找这种花。恰好天后宫散馆的园子里有，郭沫若和哥哥便把花偷偷地摘下来送给了妈妈。

（陈　兰　配图）

妈妈虽然知道郭沫若这样做是孝顺她，可是儿子的行为让她很伤心。郭沫若从这件事情中吸取了教训，从此，他再也不偷拿别人的东西了。

知识链接

“善”为“膳”的本字。古人以羊为膳食的美味，故金文的“善”字从羊从二言，表示众口夸赞的意思。“善”字由膳食之美引申为美好之义，故后世另造“膳”

字来代替它的本义。因为羊的性情温和驯顺，所以“善”又有善良、慈善之义，与“恶”相对。①

唱一唱

学唱《廉之歌》。

廉之歌

儿歌

雷行丽　冷连　词

林安琪　高倩　王永洪　曲

1＝C $\frac{4}{4}$

中速

①《汉字溯源（图）》《人民日报》（海外版），2007-09-17。

第25课　品“典”守信

《吕氏春秋·贵信》（节选）

君臣不信，则百姓诽谤，社稷不宁。处官不信，则少不畏长，贵贱相轻。赏罚不信，则民易犯法，不可使令。交友不信，则离散郁怨，不能相亲。百工不信，则器械苦伪，丹漆染色不贞。

大意：君主和大臣不诚信，那么百姓就会批评指责，国家就不会安宁。做官不诚信，那么年少的就不敬畏年长的，地位尊贵的和地位低贱的就会相互轻视。赏罚不诚信，那么百姓就容易犯法，不可以役使。结交朋友不诚信，那就会离散怨恨，不能相亲相近。各种工匠不诚信，那么制造出来的器械就是粗劣产品，颜色就不纯正。

写一写

1.懂得感恩，懂得感激，人就会变得善良、宽容、有爱。

2.善良的人，无论长相怎样，他都是这个世界上最美丽的人；自私的人，即便面若桃花，也散发出狠毒的邪气，让人望而生畏。

3.当善良成为一种习惯时，快乐就如涓涓细流，时时在眼眸里流溢，自己感到愉悦，也使别人快乐，还能感染社会。

4.一个伟大的人有两颗心：一颗心流血，一颗心宽容。

（江慧敏　配图）

第26课　黄香温席

古代有个叫黄香的人，以孝出名。黄香9岁时就已经懂得孝顺长辈的道理。每当炎炎夏日，黄香就用扇子对着父母的帐子扇风，使枕头和席子清凉，使蚊虫离得远远的，让父母睡得舒服；到了寒冷的冬天，黄香就用自己的身体温暖父母的被窝，让父母睡时觉得暖和。黄香小小年纪就有这样的孝心实属难得。后来，他的事迹流传到了京城，人称“天下无双，江夏黄香”。

（陈　兰　配图）

小故事大道理

孝是我们中华民族的传统美德。百善孝为先，要做一个好人，一个善良的人，一个成功的人，一个无愧于天地的人，首先就要做到孝。

知识链接

朱冲送牛

晋代有个人叫朱冲，他从小就待人宽厚，特别有智慧，但由于家境贫寒，没钱上学读书，只好在家种地放牛。隔壁有个人心地很坏，平时好占便宜，三番五次地把牛放到朱冲家的地里吃庄稼。

朱冲看到后，不但不发脾气，反而在收工时带一些草回来，连同那吃庄稼的牛，一起送回主人家，并说："你们家里牛多草少，我可以给你们提供方便。"牛的主人一听，既羞愧又感激，从此再也不让牛去糟蹋庄稼了。朱冲待人厚道，赢得了乡邻的一致赞扬。

小故事大道理

朱冲礼让恶邻，厚德载物，使乡里的风气发生了很大的变化，尽显仁者风范。这样的人自然能够得到别人的尊重。

写一写

与人为善是一种高尚品质，你认为怎样才能与人为善？将你的想法写下来。

（陈 兰 配图）

第27课　全国道德模范——孟佩杰

孟佩杰，1991年11月出生于山西省交口县，大专文化，中共党员。

孟佩杰生长于农村，5岁时生父因车祸去世。生母因生活所迫，将她送给隰县老干部局职工刘芳英收养。3年后，养母刘芳英患上了椎管狭窄症瘫痪在床。养父无法忍受困境悄然离家出走。从那时起，年仅8岁的孟佩杰便开始承担起照顾瘫痪养母的重担，用孝心和毅力支撑起了这个风雨飘摇的家。

2007年，孟佩杰初中毕业，养母的病情却开始恶化，完全丧失了自理能力。为就近照顾养母，孟佩杰主动选择在临汾学院隰县基础部学习。

2009年，按照学校的安排，在隰县基础部上完两年后孟佩杰要去临汾上学。她毅然决定：带上养母去上学！她在离学校最近的地方租了房，并向学校申请了走读，利用一切课余时间，克服了同龄人难以想象的困难，不离不弃地悉心照料养母。

十几年来，4 000多个日日夜夜，孟佩杰知孝感恩，她无怨无悔地照顾养母的事迹感动了无数人。她曾获得

“2011感动中国人物”“全国孝老爱亲道德模范”“全国三八红旗手”等荣誉称号。

2011年6月，孟佩杰因孝心在网络上走红，被称为“最美的女孩”。

讲一讲

给爸爸妈妈讲一个与人为善的故事。

（陈 兰 配图）

第七单元综合实践活动

做诚信正直的人

1. 读一读

像你一样生活

一样的老百姓，
过着同样平凡的生活，
为什么你总让我感动，
感动真情的脉搏。
一天又一天，
时光因你而温暖；
一年又一年，
生命为你而放歌。
有情就有爱，
爱把心点燃，
我要像你一样生活。
我要像你一样生活，
你不是遥远星空最灿烂的星座，
却用一点一滴的爱心点亮万家灯火。

你不是神州大地最美丽的花朵，
却用一生一世的善良化作人间春色。
一天又一天，
时光因你而温暖；
一年又一年，
生命为你而放歌。
有情就有爱，
爱把心点燃，
我要像你一样生活。

2. 说一说

怎样才能成为一个诚信正直的人？

3. 做一做

学做《让爱传出去》手语操。

4. 赛一赛

道德模范故事演讲比赛。

第八单元

单元导读

世界因生命而美丽，生命因梦想而精彩。在人生的航程中，只有坚持自己的梦想，努力奋斗，我们的生活才会更有意义。通过本单元的学习，我们要扬起风帆，追逐梦想，为实现伟大中国梦而努力。

第28课　古诗两首

墨　梅

〔元〕王　冕

吾家洗研池头树，个个华开澹墨痕。
不要人夸好颜色，只流清气满乾坤。

大意：长在我家洗砚池边的梅花树，花儿朵朵开放，梅花都染上了淡淡的墨痕。不需要别人夸奖它的颜色美好，只留清香之气弥漫在天地之间。

（陈　兰　配图）

过零丁洋

〔宋〕文天祥

辛苦遭逢起一经，干戈寥落四周星。
山河破碎风飘絮，身世浮沉雨打萍。
惶恐滩头说惶恐，零丁洋里叹零丁。
人生自古谁无死，留取丹心照汗青。

（陈 兰 配图）

大意：回想我早年由科举入仕，历尽千辛万苦，如今战火消歇，熬过了四个年头。国家危在旦夕，恰如狂风中的柳絮，个人又哪堪言说似骤雨里的浮萍。

惶恐滩的惨败让我至今依然惶恐，零丁洋身陷敌手，可叹我孤苦伶仃。人生自古以来有谁能够长生不死？我要留一片丹心映照史册。

唱一唱

红领巾相约中国梦

胸前的红领巾迎风飘扬，我心中的梦想扬帆起航。
在五星红旗下许下愿望，为实现梦想天天向上。
东方的启明星点亮太阳，让心中的梦想绽放光芒。
在祖国的怀抱快乐成长，心怀着梦想快乐成长！
让心中的梦想红旗下飘扬闪亮，让你的梦 我的梦，
红领巾相约中国梦。
用你我的彩笔画出翅膀，让心中的梦想自由飞翔。
我们歌唱，放飞梦想。

第29课　买梦与卖梦

有两个小孩到海边去玩，玩累了两人就躺在沙滩上睡着了。

其中一个小孩做了个梦，他梦见对面岛上住了个大富翁，在富翁的花园里有一整片的茶花，在一株白茶花的根下，埋着一坛黄金。

这个小孩把梦告诉了另一个小孩，说完后，不禁叹息道：“真可惜，这只是个梦。”

另一个小孩听后相当动情，从此在心中埋下了逐梦的种子。他对那个做梦的孩子说：“你可以把这个梦卖给我吗？”

这个小孩买了梦以后，就往那座岛进发，千辛万苦才到达岛上。果然发现岛上住着一位富翁，于是他就自告奋勇地做了富翁的佣人。他发现，花园里真的有许多茶树，茶花一年一年地开，他也一年一年一遍遍地翻

（江慧敏　配图）

掘着茶花的土。就这样，茶树越长越好。终于有一天，他在白茶花的根底掘出了一坛黄金！

买梦的人回到了家乡，成了最富有的人；而卖梦的人，虽然不停地在做梦，但他从未圆过梦，终究还是个穷光蛋。

小故事大道理

实现梦想，需要我们坚持不懈地努力。

做一做

宣誓活动：争当四好少年

做热爱祖国、理想远大的好少年；
做勤奋学习、追求上进的好少年；
做品德优良、团结友爱的好少年；
做体魄强健、活泼开朗的好少年。

说一说

了解爸爸妈妈和老师的梦想，采访他们为实现梦想做过哪些努力。和小伙伴交流各自的梦想，讨论今后应该怎么做。

第30课　爱我中华

屈原不离楚国

屈原是一位伟大的诗人，也是一位杰出的爱国者。他生在战国时期的楚国，家乡在现在湖北的秭归，离长江三峡不远，风景奇美。屈原非常热爱自己的故乡，非常热爱楚国。可是楚国统治者腐败无能，不思进取，国力渐渐衰弱，百姓生活在水深火热之中。屈原非常着急，来到都城劝楚王改革图强。不料他受到奸臣的陷害和攻击，一度信任他的楚王竟把他赶出都城。

爱国之心不被君王理解，屈原非常难过。有人劝他："楚国既然不需要你，你何不到别国去，照样可以施展才华啊！"屈原回答说："我爱楚国，为它的命运担忧，为百姓伤心。明知自己的处境很危险，可是我舍不得我的故土。我希望有一天还能为它出力。"

（陈　兰　配图）

屈原写了许多诗表达自己的爱国之情。他想象着自己乘着龙驾着象，在天空中翱翔，就要飞往远方，离开楚国，忽然回头看到了可爱的家乡，立刻停住了脚步。他的仆人哭了，连马也不肯再往前走。他又回到了楚国，并下定决心："如果不能实现我的愿望，我就投江而死，以身殉国！"

楚国被攻破后，屈原怀着对楚国深深的眷恋，投入了汨罗江。如今，每年端午节人们划龙舟、吃粽子，据说就是为了纪念屈原。

阅读链接

（一）爱国英雄杨靖宇

1940年年初，杨靖宇被日军围困，身负重伤，啃不动树皮，只能将棉衣里的棉花和着冰雪吞下去充饥。日军劝降不成，便放乱枪，年仅35岁的杨靖宇壮烈牺牲。

残忍的日军剖开他的遗体，当看到他的胃里只有野草和棉絮时，这些被杨靖宇带领的抗日联军弄得焦头烂额的侵略者全呆住了。在冰天雪地的长白山密林中，支撑着杨靖宇与敌人战斗的力量是对祖国的一腔热爱之情。

（二）"致远"舰长邓世昌

邓世昌是清朝北洋舰队中"致远"号的舰长。他有强烈的爱国心，常对士兵们说："人谁不死，但愿死得其所尔。"意思是："哪个人不会死？但愿我们死得其所，死得值！"1894年，中日甲午战争爆发。邓世昌多次表示：如果在海上和日舰相遇，遇到危险，我就和它同沉大海！

1894年9月17日，在大东沟海战中，邓世昌指挥"致远"舰奋勇作战，战中，中国指挥舰被击伤，大旗被击落，邓世昌立即下令在自己的舰上升起旗帜，吸引住敌舰。他指挥的"致远"号在战斗中最英勇，前后火炮一齐开火，连连击中日舰。后在日舰围攻下，"致远"号多处受创，全舰燃起大火，船身倾斜。邓世昌鼓励全舰官兵道："吾辈从军卫国，早置生死于度外，今日之事，有死而已！倭舰专恃'吉野'，苟沉此舰，足以夺其气而成事。"说完便毅然驾舰全速撞向日本主力舰"吉野"号右舷，决意与敌同归于尽。日倭舰官兵见状大惊失色，集中炮火向"致远"舰射击，不幸一发炮弹击中"致远"舰的鱼雷发射管，管内鱼雷发生爆炸导致"致远"舰沉没。

最终，邓世昌沉没于波涛之中，与全舰官兵250余人一同壮烈殉国。

做一做

中国自改革开放以来取得了哪些伟大成就？请同学们

搜集相关资料，办一期以“爱我中华 讴歌新时代”为主题的手抄报。

知识链接

中华飞天梦

神舟一号　1999年11月20日　载人航天工程的首次飞行试验

神舟二号　2001年1月10日　中国第一艘正样无人飞船

神舟三号　2002年3月25日　正样无人飞船，飞船技术状态与载人状态完全一致

神舟四号　2002年12月30日　中国第一艘可载人的处于无人状态的飞船

神舟五号　2003年10月15日　首次载人飞行，成功围绕地球14圈

神舟六号　2005年10月12日　首次进行多人飞天的航天飞行

神舟七号　2008年9月25日　中国宇航员成功进行出舱活动

神舟八号　2011年11月1日　与天宫一号成功实施对接

神舟九号　2012年6月16日　首次实现自动和手动

载人交会对接

神舟十号　2013年6月11日　在轨飞行15天，首次开展太空授课活动

神舟十一号　2016年10月17日　持续时间最长的一次载人飞行任务

（陈　兰　配图）